LE LIVRET

DE

ROBESPIERRE

PAR

HENRI WELSCHINGER

EXTRAIT DU *CORRESPONDANT*

PARIS
JULES GERVAIS, LIBRAIRE-ÉDITEUR
29, RUE DE TOURNON, 29

1883

LE LIVRET

DE

ROBESPIERRE

PARIS. — E. DE SOYE ET FILS, IMPRIMEURS, 18, RUE DES FOSSÉS-SAINT-JACQUES.

LE LIVRET

DE

ROBESPIERRE

PAR

HENRI WELSCHINGER

EXTRAIT DU *CORRESPONDANT*

PARIS
JULES GERVAIS, LIBRAIRE-ÉDITEUR
29, RUE DE TOURNON, 29

1883

LE LIVRET DE ROBESPIERRE

Le 23 thermidor an II, quinze jours après le grand événement qui avait mis fin à la Terreur, Courtois de l'Aube avait été chargé par la Convention nationale, avec Lecointre, Bourdon de l'Oise et dix autres représentants, d'examiner les papiers de Robespierre et d'en rendre compte à ses collègues. Dans son curieux rapport du 16 nivôse an III, ce conventionnel cite, entre autres pièces, quelques fragments d'un cahier entièrement écrit de la main de Robespierre. Ces fragments sont relatifs à l'armée révolutionnaire, à Thomas Payne, aux députés conspirateurs et aux prisonniers. Voilà tout ce qu'a publié Courtois, c'est-à-dire une douzaine de lignes. Il nous a pris fantaisie de rechercher aux Archives nationales ce cahier et de l'étudier avec le plus grand soin. Il en valait la peine, car il y a toujours quelque avantage à saisir sur le vif les impressions des hommes, surtout de ceux dont le visage est composé, l'attitude flegmatique et la parole à dessein obscure ou mystérieuse.

Sur la couverture du cahier, on lit, tracé en caractères d'une grosse écriture, probablement celle de Courtois, le titre que nous avons donné à ce travail : Livret de Robespierre. C'est un cahier de 17 centimètres de long sur 12 de large, cartonné grossièrement et recouvert d'un papier marbré aux couleurs fanées; la couverture est fatiguée et brisée çà et là. Sur quarante-huit pages que contient le cahier, dix-sept seulement sont écrites au recto et au verso, sur un papier de Hollande jauni, qui a une sensible odeur d'huile. L'écriture de Robespierre, tantôt à l'encre, tantôt au crayon, est petite, serrée et boiteuse : elle nous a frappé par son caractère faux-fuyant et, ce qui va surprendre bien des physiologistes, par une certaine ressemblance avec l'écriture de Mme Du Barry.

Toute la politique de Robespierre est résumée dans ce livret qu'il portait sans cesse sur lui. C'est la manifestation la plus évidente de son rêve de dictature, exprimée là, pendant neuf mois consécutifs, de mars à décembre 1793, époque à laquelle s'arrêtent les notes. Au fur et à mesure que le tribun a une idée importante, il l'écrit à la hâte, en quelques mots, sur une de ces pages, et c'est ainsi que nous y trouvons ses opinions et ses plans sur le tribunal révolutionnaire, les comités et les commissions, les émigrés, les traîtres et les conspirateurs, les généraux et les armées, les clubs, les sociétés populaires et les cultes. Examinons de près ces révélations intimes.

I

Ce qui ressort, en premier lieu, de ces notes, c'est la souveraine défiance de Robespierre contre les représentants, les commissaires de la Convention, les journalistes, les membres du tribunal révolutionnaire, l'accusateur public lui-même, contre tous, en un mot. C'est bien le signe distinctif de cette figure fausse et froide que dépeignent avec répugnance ceux qui l'ont vue. « J'ai causé une fois avec lui, chez mon père, en 1793, écrit Mme de Staël, lorsqu'on ne le connaissait que comme un avocat de l'Artois, très exagéré dans ses principes démocratiques. Ses traits étaient ignobles, son teint pâle, ses veines d'une couleur verte. Il y avait quelque chose de mystérieux dans sa façon d'être, qui faisait planer une terreur inconnue au milieu de la terreur ostensible que le gouvernement proclamait. » Charles Nodier nous le montre d'une façon plus saisissante encore : « C'est, dit-il, un homme petit, aux formes grêles, à la physionomie effilée, au front comprimé sur les côtés comme une bête de proie, à la bouche longue, pâle et serrée, à la voix rauque dans le bas, fausse dans les tons élevés et qui se convertissait, dans l'exaltation et la colère, en une espèce de glapissement semblable à celui des hyènes. » Courtois parle de ses yeux petits et ternes, rougis de taches sanglantes et de son teint mélangé de la *liveur* de l'envieux et de la pâleur du criminel. Enfin, suivant M. Devienne, ancien procureur au conseil d'Artois, cité par M. Paris, dans son remarquable ouvrage sur *la Jeunesse de Robespierre*, l'extérieur du député d'Arras était commun, la taille médiocre, la tête petite, les cheveux châtains, le nez court, les yeux bleus et un peu enfoncés, le regard indécis, l'abord froid et presque repoussant. « Toujours plein de méfiance, ajoute M. Paris, livré à de continuels ombrages, il transformera ses adversaires de tribune en conspirateurs et en criminels d'État, il passera sa vie à soupçonner, à dénoncer, à proscrire. » Et cependant cet homme cauteleux, inquiet, envieux et cruel, avait montré autrefois une réelle sensibilité. Enfant, il avait pleuré en apprenant la mort d'un pigeon favori; jeune homme, il avait pleuré en lisant les tendres effusions de Jean-Jacques; juge au tribunal de l'évêché d'Arras, il avait pleuré en rendant un arrêt de mort contre un assassin. Appréciateur des jolies femmes, il leur avait adressé de précieux madrigaux. On se rappelle encore celui qu'il offrait « à une Ophélie », et qui se terminait par ces vers :

Sur le pouvoir de tes appas
Demeure toujours alarmée;
Tu n'en seras que mieux aimée,
Si tu crains de ne l'être pas.

Membre de la Société poétique des *Rosati* d'Arras, on l'avait vu jadis chanter, rire et boire avec de joyeux compagnons. A peine arrivé à l'Assemblée, il réclamait la liberté de la presse, il votait contre la loi martiale, il demandait la suppression des lettres de cachet et des détentions arbitraires, il s'opposait à une loi contre les émigrations, il voulait effacer du code des Français les lois de sang qui commandaient des meurtres juridiques et que repoussaient les mœurs nouvelles, en un mot, il était ou semblait être libéral, modéré, conciliateur. Tout à coup il s'assombrissait et devenait agité, jaloux, soupçonneux, farouche. Il voyait partout des traîtres, grâce à ce tempérament inquisitorial dont parle Michelet. Aussi n'y avait-il pas « un homme dans la république qui pût être rassuré. Nul patriote n'eût pu regarder dans son passé, sans y trouver quelque chose qui craignait l'œil de Robespierre ». Ce monomane sanguinaire accusait un jour Barnave et les Lameth; un autre jour Brissot et Roland; tantôt il dénonçait la Fayette et les généraux, tantôt il justifiait Marat, tantôt il réclamait l'arrestation des suspects... Membre de la Société des Amis de la Constitution, siégeant aux Jacobins, il en avait pris le ton et les allures. Ouvrez, en effet, le Journal de cette Société, lisez sa Correspondance, comme nous l'avons fait, et vous trouverez à toutes les pages une dénonciation. Robespierre soutenait, par crainte d'être accusé lui-même de trahison, cette réunion d'énergumènes : il attaquait avec la dernière furie la liberté des honnêtes gens; il encourageait la horde menaçante qui répandait en tous lieux les soupçons et la terreur, qui accusait les citoyens fidèles à leur serment et les magistrats observateurs des lois, qui excitait les soldats contre les officiers et préparait des triomphes à qui méritait des galères [1]; il approuvait enfin les pires ennemis de la République qu'André Chénier, dans sa virulente réponse à Collot d'Herbois, appelait : « une poignée d'effrontés saltimbanques qui envahissent l'empire au nom de la

[1] « Quarante meurtriers, chéris de Robespierre,
Vont s'élever sur nos autels! »
(Hymne triomphal sur l'entrée des Suisses de Châteauvieux.)

liberté, et qui osent décorer du nom de vœu du peuple leurs insolents caprices et leurs fantaisies tyranniques!... » Oui, c'est de peur qu'on ne le soupçonnât lui, Robespierre, de ne pas s'associer à toutes ces violences, qu'il applaudissait hautement les éternels violateurs de toute liberté.

Un autre motif, l'ambition, avait changé sa conduite, l'ambition contre laquelle cependant il n'avait cessé de protester. On n'a pas oublié la séance du 25 septembre 1792, où il fut accusé d'aspirer à la dictature et de tendre à concentrer l'exercice des pouvoirs souverains dans la municipalité parisienne, qui était devenue sa chose. Le représentant Osselin invitait les membres de la députation de Paris à s'expliquer à la tribune sur les incriminations de despotisme dont ils étaient l'objet et à jurer solennellement de ne vivre que pour la liberté et l'égalité. « Je dis, s'écriait-il aux applaudissements de la Convention, qu'il existe un parti dans cette Assemblée, c'est le parti Robespierre. Voilà l'homme que je dénonce!... » On vit alors lentement arriver à la tribune Robespierre, qui se perdit dans un dédale de phrases tortueuses à la Cromwell. C'était son habitude, et tous ceux qui l'ont entendu parler l'attestent sans exception. Son éloquence lourde, vague, diffuse, n'était qu'un tissu de déclamations sans ordre, sans méthode, sans conclusion. « Nous étions obligés, remarque son collègue Meillan, chaque fois qu'il parlait, de lui demander à quoi il voulait en venir. Il se plaignait, il se lamentait, il gémissait sans cesse sur les malheurs de la patrie, et jamais il n'avait un remède à proposer. Il criait éternellement à la calomnie et ne cessait de calomnier. Jaloux, orgueilleux, dur, opiniâtre, violent et sanguinaire, il aurait immolé les trois quarts du genre humain pour réaliser sur l'autre quart son système de gouvernement ou ses projets d'élévation. » Or, dans cette séance, que répond-il aux accusations formelles d'Osselin? Qu'il a combattu contre la cour, qu'il a dédaigné ses présents, qu'il a méprisé les caresses d'un parti plus séduisant caché sous le masque du patriotisme, qu'il a... L'impétueux Barbaroux bondit à la tribune, jure qu'il ne baissera le front ni devant les rois ni devant les dictateurs, et attaque en face le parleur qui se dérobait. Si Robespierre a servi la liberté par ses écrits, lui et les siens l'ont défendu de leurs personnes. « Quand le moment du péril sera venu, dit-il dans une superbe péroraison, nous verrons si les faiseurs de placards sauront mourir avec nous!... » Mais ce premier engagement se termine sans résultat.

Le 29 octobre, le combat recommence. Cette fois, c'est Louvet qui demande la parole pour accuser Robespierre. Il montre que l'autorité de la précédente Assemblée a été avilie par cet « insolent démagogue », qui venait lui ordonner des décrets, retournait au conseil général pour la dénoncer, puis menaçait de faire sonner le tocsin contre elle. Il l'accuse de nourrir les mêmes desseins contre la Convention. Lacroix appuie Louvet, et confirme ses dénonciations. Six jours après, Robespierre daigne répondre. Dans un langage emphatique où il prodigue l'apostrophe et l'énumération, il déclare qu'il a le premier demandé la nomination d'une Convention comme le seul remède aux maux de la patrie. Lui dictateur?... Le prend-on pour un fou? Où sont ses trésors? Où sont ses armées? Où sont les places qu'il peut offrir? Ces accusations sont absurdes, atroces, romanesques. Il parle de Caton, de Clodius, de Catilina; et, plein de cette faconde classique dont le dix-huitième siècle a tant abusé, il se fait applaudir à tout rompre par les tribunes remplies de ses amis et de ses courtisans. Quant à une réponse nette, claire, catégorique, ne la cherchez pas; vous ne la trouverez jamais. Son dernier mot est un défi jeté à ses collègues : « Vous ne parlez de dictature, dit-il, que pour l'exercer vous-mêmes sans frein! » Les tribunes ont acclamé cette harangue et avec elles une grande partie de la Convention, moitié convaincue, moitié effrayée. Barbaroux veut répondre : les cris étouffent sa voix. Il descend de la tribune et court à la barre comme un simple pétitionnaire. La Convention, qui subira désormais la domination de Robespierre, refuse de l'entendre et passe à l'ordre du jour. Le soir de ce triomphe, Robespierre se rend aux Jacobins. On le couvre d'applaudissements, on l'élève sur le pavois, on décrète que son discours sera envoyé à toutes les sociétés affiliées. Le temps va venir où le triomphateur fera approuver par la Convention elle-même la conduite de la Commune au 31 mai, où il accusera ceux qui le dénonçaient hier et où il les enverra tour à tour à l'échafaud.

Mais ne croyez pas que maître de la Convention, maître de la Commune, maître des comités et des clubs, il consente à avouer ses prétentions à la dictature... Loin de là! Il ne parlera que de son désir ardent de concourir, comme simple représentant, à la gloire et au bonheur de la patrie. Des historiens ont cru à cette sincérité, à cette austérité, et l'ont défendu ardemment contre toute prétention ambitieuse. Ils ont vu en Robespierre l'incorruptible, et ils n'ont pas tenu compte de ce jugement décisif de Fiévée : « On l'avait surnommé l'incorruptible; il l'était, en effet, comme ceux qui veulent tout prendre à la fois. » Ils ont vu en Robespierre l'unique citoyen, le seul pur, l'infaillible, l'impeccable, et ils n'ont pas observé, comme l'a si bien fait M. Taine, que « jamais homme n'a tenu si droit et si constamment sous son nez l'encensoir qu'il bourrait de ses propres louanges ».

*

Eh bien, nous allons surprendre son secret dans les notes intimes, écrites de sa main, et dont l'authenticité est indiscutable. Nous allons prouver que les accusations de Barbaroux, de Louvet, de Vergniaud, de Camille Desmoulins, de Danton, de tous ses adversaires enfin étaient fondées. Nous allons démontrer, pièces en mains, que, dans les plans de cet ambitieux, il s'agissait bien moins de la France que de Robespierre.

A l'une des premières pages de son livret, on voit quels sont, suivant lui, les points essentiels de son gouvernement. « Quatre, écrit-il : les subsistances et approvisionnements, la guerre, l'esprit public et la diplomatie. » Il estime que, tous les jours, il faut se demander dans quelle situation se trouvent ces quatre choses. Négligeons pour l'instant les subsistances, la guerre, la diplomatie, et arrivons à ses idées personnelles sur l'esprit public. Ce point contient, indique-t-il, « les bons écrits, la répression des libelles, l'organisation du tribunal révolutionnaire et toutes les mesures nécessaires pour punir les conspirateurs, le tableau des diverses parties de la République, la correspondance avec les autorités constituées, avec les sociétés populaires, avec les représentants du peuple. Il faut surtout un travail méthodique, dont l'une des bases serait le degré de civisme ou d'incivisme des divers départements ». Les bons écrits, la répression des libelles, voilà ce qui préoccupait d'abord l'ancien défenseur de la liberté de la presse. Il y tenait beaucoup, puisque, dans une espèce de catéchisme écrit de sa main et publié par Courtois, on lit ces lignes significatives : « Il faut éclairer le peuple. Quels sont les obstacles à l'instruction du peuple ? Les écrivains mercenaires qui l'égarent par des impostures journalières et impudentes. Que conclure de là ? Qu'il faut proscrire les écrivains comme les plus dangereux ennemis de la patrie ; qu'il faut répandre de bons écrits à profusion. » Il revient sur ce sujet plusieurs fois dans ses notes, se faisant ainsi l'écho de ses propres rancunes et de celles des Jacobins, qui fulminaient à chaque séance contre les journalistes opposés à leurs doctrines. L'excitation dirigée contre eux fut telle, qu'on songea à les exclure des tribunes de la Convention. Une autre fois, on mit les représentants eux-mêmes en demeure d'opter entre le journal et la tribune. On rendit les rédacteurs responsables de ce qu'ils inséreraient contre la Convention et ses comités, sur la proposition de Chabot, alors l'un des séides de Robespierre. « Je demande, avait dit ce fougueux démagogue, un tribunal censorial de démocratie et que tout ce qui sera opposé aux principes de ce gouvernement y soit exterminé avec les auteurs. » Quant à l'arrestation et à l'exécution de nombreux journalistes, les noms de Gorsas, Girey-Dupré, Camille Desmoulins et autres sont là pour attester jusqu'où allait la vindicte de Robespierre. Ces mesures violentes étaient-elles, oui ou non, une préparation à la dictature?... Mais allons plus loin. C'était si bien de Robespierre et de sa puissance que les journalistes avaient peur, que l'un d'eux, Grouvelle, rédacteur en chef de l'article « Convention nationale » au *Moniteur*, invoquait, le 18 juin 1793, son indulgence et sa protection dans les termes qu'on va lire : « Citoyen, plusieurs personnes m'ont fait craindre que votre motion de dimanche dernier ne tendît à une proscription générale des feuilles publiques [1]. Quoique je ne puisse croire qu'une feuille aussi utile que la nôtre puisse avoir été l'objet de votre proposition, au moment où des lettres des commissaires de la Convention attestent qu'elle a principalement et essentiellement contribué à éclairer l'opinion d'un grand nombre de départements sur la révolution du 2 juin, je vous prie de me communiquer fraternellement les reproches que vous pourriez avoir à me faire. » L'écrivain le plus dévoué à la cause du patriotisme, ajoutait-il, était sujet à être accusé, surtout lorsqu'avec des matériaux immenses il fallait se circonscrire dans les limites d'une feuille d'impression. Deux mois auparavant, on avait encore l'opinion qu'un journal devait également insérer tout ce qui, dans une séance, était dit pour et contre. « Nous étions forcés, avouait le rédacteur, de publier les diatribes les plus absurdes des imbéciles et des intrigants du côté droit. Cependant vous devez avoir remarqué que toujours le *Moniteur* a rapporté avec beaucoup plus d'étendue les discours de la Montagne que les autres. Je n'ai donné qu'un cours extrait de la première accusation qui fut faite contre vous par Louvet, tandis que j'ai inséré en entier votre réponse. » Le rédacteur invoquait encore les services rendus par son journal, lors de la publication de l'appel nominal dans le jugement de Louis XVI, appel « rédigé dans le sens le plus pur ». Enfin, on avait exclu du *Moniteur* le réactionnaire Rabaut-Saint-Etienne, le citoyen His, et l'on allait donner un autre rédacteur à la partie politique. « Il suffit de jeter un coup d'œil sur nos feuilles depuis un mois, disait le citoyen Grouvelle, pour voir qu'il n'est aucun journal qui ait plus contribué à culbuter dans l'opinion les intrigants dont le peuple va faire justice [2]. » C'était en se fondant sur ces précieux services que le journaliste

[1] Robespierre avait déclamé, le 16 juin, aux Jacobins, contre les brissotins : « Il faut, disait-il, les chasser, il faut les excommunier du sein de la république! »

[2] Pièce XVII. Papiers saisis chez Robespierre.

sollicitait l'appui du tout-puissant Robespierre. Depuis ce moment, il combla de flatteries le chef des Jacobins, mais il n'y gagna rien, puisque, le 6 messidor an II, Robespierre se plaignit aux Amis de la Constitution de voir les écrivains falsifier ou dissimuler les faits, accréditer les calomnies, avilir la représentation nationale et favoriser la cause des tyrans. « Le *Moniteur*, déclara-t-il, n'est pas sans reproches, puisqu'il peut avoir une très grande influence sur l'opinion et qu'on peut lui reprocher d'avoir rapporté des flagorneries ou des inexactitudes. » Or, la flagornerie, c'était d'avoir fait un éloge outré d'un discours de Robespierre contre le duc d'York, et l'inexactitude, c'était d'avoir annoncé que Robespierre s'entourait d'une garde militaire. Naturellement, le *Moniteur* s'empressa d'admettre toutes les rectifications qu'on voulut, mais il se vengea à sa manière le 11 thermidor. Le lendemain de la mort du terrible conventionnel, il n'inséra dans le compte rendu de la séance du 8 thermidor que *vingt-deux lignes* de l'immense discours de Robespierre.

Les flatteries ne manquaient pas plus au dictateur de la part des particuliers que des journalistes; celui-ci l'appelait fécond créateur; celui-là, l'incorruptible; un autre, homme éminemment sensible; un autre, enfin, le Messie que l'Être suprême avait promis d'envoyer pour réformer toute chose. Un membre du district de Montpellier allait jusqu'à lui écrire : « La Nature vient de me donner un fils, j'ai osé le charger du poids de ton nom! »

C'est, fort de ces adulations et sachant à quels lâches il a affaire, que Robespierre trace rapidement sur son livret ces lignes brèves et sinistres : « Emprisonner et punir les contre-révolutionnaires. — Armer les bons bataillons. — Désarmer les pays suspects. — Demander la liste des commissaires du conseil exécutif. — Purger les bureaux, etc, etc. » On voit que son plan est simple : se défier de tous; exiler ou proscrire ceux dont il redoute l'intelligence, ou l'éloquence, ou la fortune; qualifier de suspects tous ceux qui refusent de s'incliner devant lui ou d'obéir aux ordres des comités qu'il dirige. Aussi le tribunal révolutionnaire est-il un des moyens de gouvernement qui lui conviennent le mieux. C'est par lui que les notes secrètes commencent. Ici on lit : « Nomination des membres du tribunal révolutionnaire »; là : « Tribunal révolutionnaire va mal »; dans un autre endroit : « Tribunal révolutionnaire à surveiller »; dans un autre : « Organisation du tribunal à réformer... » C'était en effet la machine despotique par excellence, et Robespierre la faisait jouer en artiste habile. L'installation et la nomination des membres de ce tribunal avaient été sa première préoccupation; il avait su y amener adroitement la Convention nationale.

Sous la pression des Jacobins qui voulaient des lois de colère, les sections de l'Oratoire et du Louvre avaient demandé à l'Assemblée, le 8 mars 1793, qu'on établit un tribunal exceptionnel pour juger et punir les conspirateurs, les contre-révolutionnaires et les perturbateurs du repos public. Le 9 mars, l'affreux Carrier convertit cette motion en demande, et Levasseur proposa la rédaction suivante qui fut adoptée : « La Convention décrète l'établissement d'un tribunal criminel extraordinaire, sans appel et sans recours au tribunal de cassation, pour le jugement de tous les traitres, conspirateurs et contre-révolutionnaires. » Sans appel et sans recours!... Quel magnifique instrument de règne entre les mains d'un homme, dont le premier désir était la suppression de tous ses rivaux! Mais comme cet homme avait soin d'éviter toute équivoque! Comme il parlait doucement sur la définition du mot « conspirateurs », afin d'empêcher que les meilleurs citoyens ne fussent victimes d'un tribunal institué pour les protéger contre les entreprises des contre-révolutionnaires! Ce politique jaloux, haineux, dissimulé, eût rendu des points à Tartufe. Il se défendait d'exercer à l'avance une pression sur ce tribunal, et cependant il indiquait nettement qu'il comptait en prendre la direction en y plaçant ses amis. « Qui fait ce tribunal révolutionnaire? disait-il. C'est le caractère des hommes choisis. » Et les hommes choisis étaient ces juges, dont l'histoire a conservé les tristes noms : Montané, Coffinhal, Herman, Dumas. Et l'accusateur public s'appelait Fouquier-Tinville!... Cependant, dès le 28 décembre 1793, Robespierre se plaignait que le tribunal révolutionnaire allait mal. On l'entendait s'écrier devant les conventionnels : « Les patriotes dorment, les sans-culottes sont engourdis, la hache nationale repose, et les traitres respirent pour le malheur du peuple et la ruine de la nation. Le tribunal, actuellement en exercice, semble encourager les coupables par son inertie et par son inactivité!... » Aussitôt la plainte est recueillie, et docilement le Comité de salut public fait appeler l'accusateur pour lui désigner des victimes. De crainte qu'une seule proie lui échappe, Robespierre ne veut plus de formalités judiciaires dont la lenteur l'impatiente. Il demande, — d'après ses notes, — que le décret du 16 septembre, portant que les tribunaux criminels de départements pourront juger les émigrés de retour en France, soit rapporté, afin de confier leur cause au tribunal révolutionnaire seul. Il propose la révocation du décret du 15 octobre, qui prescrit de remettre aux personnes arrêtées la copie du procès-verbal contenant les motifs de leur arrestation. Ailleurs, il exige la liste circonstanciée des prisonniers, et il commande à la municipalité de surveiller chaque jour les prisons, en la rendant « responsable de l'évasion des prisonniers. Il faut lui ordonner, ajoute-t-il, de tenir la main à l'exécution du décret qui défend aux prévenus de conspiration toute communication entre eux ou avec toute autre personne ». Sur ses tablettes de mort il inscrit les noms de Fournier l'Américain, de Perrochel (de la Manche), du chirurgien Lefébure, de l'homme de loi Gérard, du général Houchard et d'une foule d'autres suspects. Un mot lui suffit : « Arrêter un tel » ou « Faire venir l'accusateur public », et tout est dit. Aussi, comme le tribunal nommé sur ses indications, organisé, réorganisé, surveillé, inspiré, dirigé par lui, fait une vaillante besogne! Tour à tour, sur un signe de ce niveleur maniaque, les Girondins, les Hébertistes, les Dantonistes, les aristocrates, les prêtres, les écrivains, les poètes, les artistes, les bourgeois, les artisans vont y entendre leur sentence de mort. Quelles listes abominables que celles où figurent confondus Bailly, Lamourette, Diétrich, Mme Elisabeth, Adam Lux, Mme Roland, Girey-Dupré, Cécile Renault, Barnave, Duport-Dutertre, Lavoisier, Malesherbes, Roucher, André Chénier!... Le voilà en fonctions, à la plus grande joie du dictateur, ce tribunal infâme, dont Danton lui-même, qui aida Robespierre à l'installer, devait dire un jour en entrant à la Conciergerie : « Il y a un an, j'ai fait instituer le tribunal révolutionnaire. J'en demande pardon à Dieu et aux hommes! » Cette organisation méthodique de l'assassinat à peine dissimulé par quelques formes juridiques, cette organisation savamment préparée prouve que plus d'un historien s'est trompé en affirmant que jamais Robespierre ne pensa à établir le gouvernement révolutionnaire et le régime de la Terreur. Non, ce ne sont pas les circonstances seules qui l'y ont conduit, c'est bien sa volonté, c'est bien son plan froidement imaginé et entrevu de loin. Il a fait de la Terreur, nous devons le répéter avec insistance, un instrument de règne. Ses notes intimes sont là pour le prouver. C'est encore écrit de sa main qu'on trouve dans ses papiers un projet de décret à proposer à la Convention nationale. En voici quelques lignes significatives : « S'il arrive que le jugement d'une affaire ait été prolongé trois jours, le président ouvrira la séance suivante, en demandant aux jurés si leur conscience est suffisamment éclairée. Si les jurés répondent oui, il sera procédé sur-le-champ au jugement. » Cette exécrable mesure fut appliquée à Danton et à ses amis.

Mais ce n'est pas assez, il faut à Robespierre des hommes résolus qui exécutent partout ses ordres. Lisez attentivement ce passage de son livret : « Principale mesure de salut public. — Il sera nécessaire d'avoir dans toute la république un petit nombre de commissaires forts, munis de bonnes instructions et surtout de bons principes, pour ramener tous les esprits à l'unité et au républicanisme, seul moyen de terminer bientôt la révolution au profit du peuple. Il faut cent vingt commissaires, deux par chaque armée, deux par départements. Il faut en mettre un fort avec un plus faible. Il faut les renouveler ou les changer fréquemment. Il faut à tous une instruction générale. Il faut une correspondance active dirigée par le même principe et adaptée aux localités. » Vous allez voir ce que signifient ces quatre mots *au profit du peuple*, si vous rapprochez ce passage d'une note essentielle, écrite de la main de Robespierre : « Il faut une volonté une. Il faut qu'elle soit républicaine ou royaliste. » N'est-ce pas se désigner lui-même?... Puis, visant les bourgeois, cause, affirme-t-il, des dangers intérieurs, il se retourne vers les sans-culottes décidés à lui obéir : « Il faut, dit-il, leur procurer des armes, les *colérer*, les éclairer. » Ainsi les sans-culottes armés et des commissaires forts, munis de bonnes instructions et surtout de bons principes, voilà son armée, voilà ses soldats et ses officiers. Que feront les sans-culottes? Une chasse à mort aux bourgeois. Que feront les commissaires? Ils s'appliqueront « à découvrir et à inventorier les hommes dignes de servir la cause de la liberté ». La cause de la liberté!... En vérité, on rougit de voir une aussi belle cause, souillée et profanée de la sorte. Il s'agit de verser le sang de Français qui refusent de s'associer aux plus affreux crimes; il s'agit de détruire quiconque refusera de servir la plus odieuse tyrannie, et c'est la cause de la liberté qu'on invoque!... Le cri de Mme Roland désabusée demeurera comme une éternelle protestation contre tant d'hypocrisie!

Nous trouvons dans le livret une première liste de ces hommes *dévoués et libres*, dressée par Robespierre lui-même, et nous y lisons entre autres les noms de Blainval, Romme, Merlin, Laloi, Bouquier, Dumont. Les autres, sur lesquels Robespierre croyait pouvoir compter, étaient Herman, Dumas, Payan, Julien, Favier, Viot, Bernard, Achard, Darthé, Deschamps, Marteau, Campion, Antonelle. Qu'on pense aussi à ces commissaires qui s'appellent Carrier, Lebon, Collot d'Herbois, Couthon, Saint-Just, et qui vont accomplir en France le travail méthodique dont l'une des bases, suivant leur chef, est le degré de civisme ou d'incivisme des départements... L'un d'eux surtout le seconde aussi bien à la Convention que dans toute la France. Rappelez-vous le portrait saisissant de Sainte-Beuve : « Toutes les fois que Robespierre a besoin d'un rapporteur impassible, sophistique, aux lèvres d'airain et au front de marbre, pour épurer la Convention et envoyer à l'échafaud, sous couleur de bien public, d'anciens amis et complices, il met en avant Saint-Just, qui s'acquitte de cette tâche comme d'un sacerdoce. » Ce n'était pas un homme aux lèvres d'airain et au front de marbre que nous contemplions, il y a quelques jours, à l'*Exposition des portraits du siècle*. C'était un Saint-Just adolescent, à la figure belle et candide, au regard doux, aux lèvres de pourpre... Et cependant ce politicien au visage de vierge devait étonner l'histoire par sa férocité froide et implacable!

Les comités ou les clubs excitent à leur tour la défiance de Robespierre. Nous le surprenons écrivant : « Il faut les épurer, se procurer la liste de tous ceux qui les composent, leurs noms, qualités et demeures; il faut avoir la liste du comité central; il faut connaître surtout les présidents et secrétaires de chaque comité et faire un rapport à ce sujet; il faut dresser la liste des meneurs de la contre-révolution dans chaque pays, indiquée par la liste des commissaires populaires, directoires, etc., et sévir contre tous ces hommes: il faut poursuivre tous les députés, chefs de la conspiration, et les atteindre à quelque prix que ce soit; il faut que tous les individus connus soient promptement punis; il faut décréter que ceux qui auront donné asile aux conspirateurs, mis hors la loi, seront punis des mêmes peines... » Nous venons de citer textuellement les volontés de Robespierre, telles que nous les avons lues. On a dû remarquer ce refrain monotone et lugubre : « Il faut... », et cette série incessante de conspirations et de conspirateurs, car le chef des Jacobins voit rouge et aperçoit partout et toujours des traîtres à punir. Telle est la politique de Robespierre.

Que de conspirations, en effet, semblent surgir devant lui! Après les trames de la cour, de Maillebois, du camp de Jalès, de Lyon, de Bouillé, du comité autrichien, après les complots de Grenoble, de Rouen, d'Orléans, de la Bretagne, de la Vendée, sont venues les machinations de Sémonville, de Chabot, des Girondins, d'Hérault, d'Hébert, de Cécile Renault, de Camille Desmoulins, de Fabre d'Eglantine, des prisons, etc. Aussi, celui qu'Armand Carrel appelle le chef sinistre de la Montagne, finissant par croire lui-même aux craintes qu'il veut inspirer au pays, ordonne-t-il de prendre les mesures les plus énergiques. Un jour, il propose de mettre en arrestation les étrangers nés sur le territoire des puissances avec lesquelles la république est en guerre et de confisquer leurs biens au profit de la nation; un autre jour, il ordonne aux ministres de lui communiquer la liste de leurs commis et de leurs agents; tantôt il demande la dissolution violente des factions coalisées « qui s'efforcent d'égorger la liberté avec le poignard de la calomnie »; tantôt il prescrit de forcer par la terreur les villes rebelles à retrouver les armes qu'elles ont cachées, puis il s'engage à rappeler les représentants à leur devoir. Il faudra, écrit-il encore, après avoir proposé de compléter les mesures du Comité de sûreté générale contre les ennemis de la république, « distinguer la nuance entre les chefs de la corruption et les faibles égarés ». Enfin, il inscrit sur son livret cette note vague et menaçante : « Dévoiler la double intrigue. » Laquelle?... Il n'en sait peut-être rien lui-même, mais ce qu'il sait, c'est qu'il convient de créer des factions imaginaires pour fatiguer les Français de l'oligarchie et les amener nécessairement à une volonté unique, et c'est alors qu'il fait mettre à l'ordre du jour des Jacobins la conspiration de Danton, de Camille Desmoulins et de Fabre d'Églantine, celle de Ronsin et d'Hébert, celle de Chaumette, de Gobel, de Dillon ; c'est alors qu'il appuie les mesures propres à accélérer la marche du tribunal révolutionnaire; c'est alors qu'il dénonce et fait décréter d'accusation ses derniers et plus redoutables rivaux. Les membres de la Convention obéissent à ses menaces et envoient de nouveaux collègues au supplice. Cette fois, Robespierre est bien dictateur. Le conventionnel Durand de Maillane le constate éloquemment. « Cette dictature, écrit-il, impossible à établir légalement, exista de fait. Robespierre l'a puissamment exercée. Comme Marius et Sylla, et plus sanguinaire, il a proscrit des deux côtés : pendant deux ans entiers sa volonté seule tint en France de lois. A sa voix et devant les statues de la République, de la Liberté et de l'Égalité, hypocritement invoquées par ce scélérat, étaient indistinctement égorgés et ses partisans qui finissaient par lui porter ombrage et ceux qu'il appelait les ennemis de la nation. Or, dans ce temps de désastre, la nation c'était lui, rien que lui. Les apparences de la justice ne furent même point conservées, et l'honneur de la Convention fut totalement flétri. Sa toute-puissance parut quelques jours après la séance du 2 juin et l'arrestation des députés. » Ainsi, on le voit, ceux qui avaient laissé immoler les Girondins s'étaient volontairement donné un maître, et quel maître!... La Terreur, avons-nous dit, fut son arme. Il s'en servit avec une perfide adresse, car il savait bien — c'est presque une vérité banale — que l'on communique la peur aux hommes aussi aisément que le courage.

Débarrassé de Danton, le voilà donc l'unique arbitre des destinées de la république française. Il va essayer de mettre cette situation à profit, de rétablir l'ordre, de dresser des listes de républicains étrangers aux excès de la Terreur et dignes de servir ses conceptions nouvelles; il a l'illusion de croire qu'il pourra réduire tous les factieux, épurer les comités, les remplir de ses courtisans et constituer l'unité de gouvernement sous sa direction suprême [1]. Voyons-le à l'œuvre, et examinons s'il est venu à bout

[1] « Cambacérès disait que Robespierre avait plus de suite et de conception

des divers ennemis de la France qu'il appelait dans son langage emphatique « les serpents de la calomnie et les démons de la guerre civile ».

II

« Convention et Jacobins, autorité et pouvoir, tout avait plié, déclare Michelet. Un homme était plus autorisé que l'autorité, plus puissant que le pouvoir. » Cette omnipotence, constatée par un des historiens favorables à Robespierre, devait aboutir à des actes de gouvernement. Comment allait se révéler l'homme d'État qui incarnait alors en lui la Révolution? Quelles étaient ses idées pratiques sur l'armée, la diplomatie, le régime intérieur de la France?... C'est ce que vont nous apprendre ses notes secrètes.

Sur l'armée, c'est encore la défiance qui l'emporte, puisque « c'est à l'état-major, a-t-il dit le 17 septembre, qu'on doit attribuer nos malheurs ». Aussi sa première note sur ce sujet est celle-ci : « Conspiration de la réquisition. Disposer avec précaution de celle des grandes villes, surtout de Paris. N'employer avec confiance que celle des campagnes et des pays où le patriotisme domine, pour déjouer la conspiration. » On sait que les nouvelles dispositions relatives aux réquisitions datent du 19 février 1793, et qu'il fut décrété, ce jour-là, que tous les citoyens célibataires et veufs sans enfants étaient mis en état de réquisition permanente, à la disposition du ministre de la guerre. Ces soldats, au moins les contingents des grandes villes, inquiétaient les allures despotiques de Robespierre, qui se méfiait également de l'armée révolutionnaire.

Aussi choisit-il avec soin les commissaires qu'il fallut envoyer aux armées, entre autres Laurent, Prieur, Jean-Bon-Saint-André, Lebas, Carnot, Saint-Just. De plus, pour s'éclairer et se rassurer, il se fait adresser des dénonciations de tous les côtés : ici, on lui révèle « la conduite infâme des gros épauletiers de la Vendée » ; là, on lui affirme que le mauvais choix des généraux a causé tous nos désastres. Naturellement, il écrit dans ses notes : « Nomination de généraux patriotes, destitution et punition des autres. » Après le jugement de Custine, le général Houchard est mis en suspicion.

qu'on ne pensait ; qu'après avoir renversé les factions effrénées qu'il avait eu à combattre, son intention avait été le retour à l'ordre et à la modération. » (*Mémorial.*) Cambacérès en était si certain, qu'il avait été pressenti par Robespierre sur la question de savoir si le département de l'Hérault pourrait lui fournir une liste suffisante de républicains modérés, dignes d'entrer dans l'administration du département. Même demande avait été faite au citoyen Aignan, à Orléans. — Voy. aussi les *Mémoires de Charlotte Robespierre,* p. 134.

Puis vient le tour de Kellermann et de Westermann. Le ministre de la guerre, Bouchotte, malgré sa répugnance à discuter toute affaire qui n'était pas commandée par le service public, et personnellement ennemi de toute politique, obéit aux volontés de Robespierre. Il répond aux demandes de ce terrible investigateur, ainsi formulées : A-t-on armé les meilleurs bataillons de la réquisition? Où en est l'inventaire des armes? A-t-on pris des précautions pour éviter qu'on ne dissimule les armes en mauvais état? A-t-on rappelé les mauvais commissaires aux chevaux et surtout un certain citoyen Toussaint? Le général Dumas doit être envoyé à l'armée des Pyrénées-Orientales, le général Dugommier à l'armée d'Italie, les états-majors doivent être épurés. Il faut, comme le désire le général Dièche, employer les mesures révolutionnaires pour extirper l'aristocratie et le fanatisme toujours renaissants à Strasbourg, etc., etc. Et Bouchotte a cédé. Les états-majors qui, paraît-il, étaient gangrenés d'aristocratie, sont épurés; de nouveaux chefs ont été envoyés aux armées des Pyrénées, du Rhin, de la Moselle, du Nord, de l'Italie. L'adjudant général de Boisguion est destitué, traduit devant le tribunal révolutionnaire et condamné à mort. L'adjudant général Leblond subit le même sort. Une foule d'officiers généraux sont frappés à leur tour, et cependant Westermann avait écrit à Robespierre, dès le 16 septembre : « Les armées étant purgées des généraux aristocrates, il convient de donner à ceux conservés plus de constance et de confiance, et de ne pas les faire marcher continuellement à la barre sur une simple dénonciation d'un premier venu [1]!... »

Mais ce n'est pas tout. Robespierre s'occupe aussi de la direction des armées. Il écrit à Saint-Just que le Comité de salut public a adopté un plan pour l'armée du Rhin, lequel lui paraît bien conçu. Ses notes indiquent nettement ses prétentions à cet égard : « Plan pour le Rhin. — Plan pour le Nord. — Envoyer au Rhin un nouveau courrier. — Instructions à Saint-Just. — Écrire à... de se rendre à l'armée du Nord pour prévenir la division entre les généraux. — Armes de Bordeaux, de Marseille, de Lyon à distribuer aux meilleures levées. — Faire passer ceux du Midi au Nord, ceux du Nord au Midi. — Des armes! — On annonce une nouvelle tentative sur Dunkerque! » Il y a là beaucoup d'agitation pour montrer une

[1] En voici un exemple cité par M. Wallon : « 13 floréal. Le citoyen Cahauve, chasseur au 21e régiment, 11e compagnie, prévient que les officiers de son corps ne sont pas patriotes. — *Note de Robespierre.* — Envoyé au commissaire du mouvement des armées, avec ordre de vérifier le fait et de changer les officiers, si la dénonciation est fondée. » (*Histoire du Tribunal révolutionnaire*, t. III.)

grande sollicitude des intérêts militaires; il y a là surtout la révélation de cette pensée : mettre la main sur l'armée comme sur toute autre force. Aussi Robespierre demande-t-il orgueilleusement à la Convention d'avoir confiance en son Comité, c'est-à-dire en lui seul, et va-t-il jusqu'à dire : « Rassurez-vous! Je vous promets des victoires, et vos espérances ne seront pas déjouées. »

Mais diverses inquiétudes le reprennent tout à coup. Le général Dugommier, qu'il a lui-même désigné pour le commandement de l'armée d'Italie et le siège de Toulon, lui semble suspect. « Dugommier, écrit-il, excite la défiance par la manière dont il s'est conduit avec le général anglais. » C'était faux, mais la dénonciation venait de Robespierre jeune, qui connaissait trop bien son frère pour ne pas espérer de lui une croyance aveugle à ses suppositions. Ce qui trouble surtout le sommeil du dictateur, c'est la Vendée. On lit à ce sujet quatre mots dans ses notes : « Tout est à changer!... » A son ordre, Barère va crier à la tribune de la Convention : « L'inexplicable Vendée existe encore! », et répéter vingt fois son *delenda Carthago* : « Il faut détruire la Vendée! » L'armée de la Moselle attire aussi son attention. « Cette armée, écrit-il, qui a un bon général en chef (c'était Moreau), n'a point de généraux de division. » Il fait ensuite un grand rapport sur les principes du gouvernement révolutionnaire et il demande la punition des officiers qu'il croit complices de Houchard et de Dumouriez.

En réalité, Robespierre avait toujours eu des généraux l'idée que lui en avait donnée un de ses fidèles, Jullien fils, dans une lettre datée de Bordeaux, le 16 pluviôse an II : « Un peuple de généraux fiers de leurs épaulettes et bordures en or au collet, riches des appointements qu'ils volent, éclaboussent dans leurs voitures les sans-culottes à pied, sont toujours auprès des femmes au spectacle, ou dans les fêtes et repas somptueux qui insultent à la misère publique, et dédaignent ouvertement la société populaire, où ils ne vont que très rarement avec Carrier. » Ne pas fréquenter Carrier, c'était le dernier mot du modérantisme, c'était le plus évident signe de trahison. Ceux que Robespierre consentait à déclarer patriotes étaient des généraux dans le genre de ce Rossignol, auteur du meurtre de Mandat, ou du féroce Ronsin, poète sensible et massacreur de la Vendée; ou du soudard Hanriot, dont les allures cruelles égalaient la lâcheté, car la cruauté est l'attribut des lâches. On voit donc que, pour diriger l'armée, Robespierre n'avait rien innové : c'était toujours la tactique révolutionnaire qui, pour obtenir les victoires décrétées par le Comité de salut public et la Convention, croyait nécessaire de suspendre la hache sur la tête des généraux et de les menacer, à la moindre faiblesse, d'une mort infâme. Tel était le fond de la politique militaire de Robespierre.

Si nous examinons maintenant sa diplomatie, nous voyons qu'elle se réduit à peu de chose. Il dicte des mesures sévères contre la personne et les biens des étrangers, il dresse l'acte d'accusation de tous les rois, mais pour ce qui concerne les rapports avec les puissances, il s'en préoccupe peu. Le seul gouvernement auquel il témoigne quelque prévenance, c'est le gouvernement américain Ainsi l'on trouve cette mention dans ses notes secrètes : « La taxe du tabac rompt nos relations avec l'Amérique. » On se rappelle que, le 2 mars 1791, l'Assemblée législative avait rendu un décret imposant de 25 livres par quintal les tabacs importés en France par les bâtiments des États-Unis, de l'Espagne ou de la Russie. Les événements politiques ne permirent pas à Robespierre de déposer une proposition tendant à la suppression de cette taxe, comme l'indique la note que nous venons de citer, mais, en revanche, il fit arrêter Thomas Payne, et demanda qu'il fût décrété d'accusation « pour les intérêts de l'Amérique autant que de la France ».

Ici, on va le voir, le chef des Jacobins, servait plus ses rancunes personnelles que les désirs des Américains. Thomas Payne, qui s'était fait remarquer à Londres par Goldsmith et Franklin, avait été, sur leurs conseils, défendre en Amérique la cause de l'indépendance. Les articles de Payne au *Magasin de Pensylvanie*, son livre du *Sens commun*, où, disciple convaincu de Rousseau, il déclamait contre la police gênante à laquelle les hommes sont forcés d'avoir recours pour échapper au bonheur de l'état de nature, et où il attaquait avec violence le régime monarchique, qu'il qualifiait de papisme politique repoussé par la Bible, appelèrent l'attention sur lui. Le livre du *Sens commun* devint le catéchisme des insurgés, et Thomas Payne obtint en 1779 la place de secrétaire dans le Comité des affaires étrangères. Il eut l'habileté de négocier avec la France, en 1781, un emprunt de 16 millions, ce qui augmenta sa popularité parmi les Américains. De retour en Angleterre, il publia, en 1791, une apologie de la Constitution française, sous le titre des *Droits de l'homme*. La deuxième partie de cet ouvrage, parue un an après, alarma à tel point le gouvernement anglais, qu'il poursuivit l'auteur comme ayant provoqué le peuple à l'insurrection. Entre la mort ou le bannissement, Thomas Payne fit rapidement son choix. Il se rendit en France, où la Convention lui avait décerné le titre de citoyen français, et où plusieurs villes, Arras, Abbeville, Beauvais et Versailles l'avaient élu représentant. On se demande, après ce court historique, pourquoi Robespierre s'acharnait contre l'homme qui avait rendu de grands services à la cause de l'indépendance et à la cause de la Révolution?... En voici la raison. Thomas Payne excitait les esprits à secouer tout joug et à repousser toute centralisation gouvernementale. Robespierre se défiait donc de ce provocateur à la révolte et il plaçait perfidement sa proscription sous la raison des intérêts américains, alors qu'en réalité il servait sa vengeance et celle du cabinet de Saint-James. Thomas Payne fut naturellement exclu de la Convention et emprisonné. Or ce qui prouve que les États-Unis ne tenaient pas à cet acte arbitraire, c'est qu'ils ne tardèrent pas à réclamer la mise en liberté de Thomas Payne. C'était de cette façon que Robespierre faisait de la politique internationale. Il avait bien quelque intention de s'occuper un peu plus des affaires étrangères, comme on le voit dans cette note écrite de sa main : « Alliance avec les petites puissances impossible aussi longtemps que nous n'aurons point une volonté nationale[1]. » La volonté nationale, c'était lui. Il ajournait donc ses projets diplomatiques à l'établissement définitif de sa toute-puissance. Mais supposez-le sorti de son système d'accusations, d'arrestations et d'exécutions, il n'eût rien fait d'utile, car il n'était nullement préparé à des négociations difficiles avec les gouvernements étrangers[2]. Ce n'est certes pas un diplomate qui eût lancé la fameuse apostrophe : « Périssent les colonies, si les colons veulent nous forcer à décréter ce qui convient le plus à leurs intérêts! » car tout homme d'État, tout diplomate eût compris, comme l'a si bien défini Francis Garnier, que les nations sans colonies sont des nations mortes, étant des ruches qui n'essaiment pas.

Quant au régime intérieur de la France, on voit Robespierre mieux installer sa domination sur les hommes et sur les choses, mais il le fait cauteleusement, pratiquant sans vergogne le *omnia serviliter pro dominatione*. Son fidèle Saint-Just, qui demande la création d'un grand épurateur, d'un censeur inexorable armé de la dictature et passant au crible la Révolution, Saint-Just, qui l'appelle l'homme nécessaire, Saint-Just, qui lui a écrit autrefois : « Vous n'êtes point seulement le député d'une province, vous êtes celui de l'humanité et de la République! » le pousse et l'encourage dans ses desseins ambitieux. Quels sont-ils? Les voici, comme nous les trouvons dans les papiers secrets : « Traiter en ennemis les hommes vicieux et les riches, poursuivre la calomnie et l'hypocrisie, détruire l'ignorance des sans-culottes, terminer la guerre civile en punissant les conspirateurs, les écrivains mercenaires, les députés

[1] Papiers saisis chez Robespierre, pièce LXIV.
[2] Napoléon va plus loin. Il ne lui reconnait ni talent, ni force, ni système.

et les administrateurs coupables, enfin préparer des lois populaires. » Il fallait que le peuple s'alliât à la Convention et que la Convention se servit du peuple. Le plan est clair, si l'on comprend que la Convention ne veut dire ici que Robespierre. La dictature est hautement affirmée.

Le fonctionnement et la direction des comités, Comité des marchés, Comité de sûreté générale, Comité de salut public, sont l'un des objets de l'incessante attention de Robespierre. Il revient surtout au Comité de salut public, le grand comité, à cinq ou six reprises dans ses notes intimes. Voici les plus importantes : « Entendre tous les jours à heures fixes les ministres, la police, le commandant, l'accusateur public ou un président du tribunal criminel. — Ne recevoir aucun étranger dans le comité. Les renvoyer aux ministres ou nommer un commissaire ou un secrétaire pour les entendre » ; et ailleurs : « Infamie! Violation des secrets du comité, soit de la part des commis, soit de la part d'autres personnages. » On se plaignait, en effet, à la Convention et dans les clubs, que le secret des délibérations de ce comité ne fût pas respecté, même par ses membres. En écrivant le mot *infamie* dans son livret, Robespierre nous donne le ton du discours qu'il prononça sur ce sujet devant le Comité de salut public. Continuons à examiner ses notes. Il s'adresse ainsi aux membres du comité : « Placez-vous dans un local convenable. — Renouvelez vos commis. — Chassez surtout le traître qui siégerait dans votre sein. — Punissez le commis qui vous présente à signer une lettre dont l'objet était d'engager les détenteurs des pièces de conspiration relatives à l'ancien régime à les brûler. » Ceci paraît être la suite du discours qui fut provoqué, nous le croyons, par l'audace de l'employé du comité, Charles de la Bussière, lequel détruisit une foule de pièces compromettantes pour les individus arrêtés, entre autres celles qui concernaient les acteurs du théâtre de la Nation, mis en prison le lendemain de la première représentation de *Paméla* [1]. Le Comité de salut public demeura sous la direction suprême de Robespierre jusqu'en messidor, cédant avec terreur à toutes ses volontés. C'est de ce comité que partaient ces *missi dominici* qui, de l'aveu de Michelet, apparaissaient aux départements revêtus d'une puissance supérieure et placés dans une position dominante, par rapport à ceux de la Convention. Le comité était, en outre, surveillé par une police spéciale sous la direction d'Herman, qui, lui, ne connaissait qu'un chef : Robespierre. Herman lui communiquait toutes les dénoncia-

[1] Comédie de François de Neufchâteau, suspect de feuillantisme, quoique plat courtisan de Robespierre. — Voy. *Mémoires de Fleury*, t. II, et notre *Théâtre de la Révolution*.

tions qui arrivaient des divers points de la France, et sur lesquelles le grand terroriste écrivait deux ou trois mots brefs qui signifiaient ou l'arrestation ou la mort.

La Commune de Paris, entre les mains de Payan, obéissait à ce même chef, et la justice révolutionnaire était confiée à Dumas et à Fouquier-Tinville, ses humbles serviteurs. La garde nationale, triée avec soin, n'écoutait que ses ordres, même dans les moments les plus difficiles. Tout était donc prêt pour installer en plein soleil la dictature absolue du premier représentant de la Terreur.

Et remarquez comme l'ancien avocat d'Arras jouait bien son nouveau rôle. Simple dans ses manières, affectant la haine des grandeurs et le mépris des richesses, ne semblant occupé que du bien public, il parsemait, sans se lasser, ses discours des mêmes mots, débités avec ampleur : « Bonheur du peuple!... salut du peuple! .. souveraineté du peuple!... » et le peuple croyait naïvement à la vertu et au désintéressement de cet homme. Mais cet habile niveleur, « travailleur infatigable, parleur infatigable, mettait au service de la Révolution, dit M. Paris, un esprit étroit, une logique apparente, un caractère résolu, une volonté inflexible ». Sa volonté n'avait à son usage qu'une arme, toujours la même; elle s'appelait la Terreur. Nous avons vu ce que Robespierre avait fait à Paris avec le tribunal révolutionnaire. Observons maintenant ce qu'il a fait en province pour épouvanter et asservir les esprits.

Il emploie des hommes féroces, comme Bô, Montaut, Couthon, Maignet, Collot d'Herbois, Fouché. Ceux-ci se jettent sur Lyon et promènent dans cette ville le fer et le feu. Fiers de leur œuvre, ils osent adresser à leur maître cette lettre désormais fameuse, qui, datée du 20 brumaire an II, se terminait ainsi : « Sur les débris de cette ville superbe et rebelle, le voyageur verra avec satisfaction quelques monuments simples élevés à la mémoire des martyrs de la liberté, et des chaumières éparses que les amis de l'égalité s'empresseront de venir habiter pour y vivre heureux des bienfaits de la Nature!... » En entendant ces hommes flétris nous parler des chaumières et des bienfaits de la nature, qui ne se rappellerait l'observation si judicieuse de J. de Maistre : « On croit voir une courtisane fanée jouant les airs d'une vierge avec une pudeur de carmin. » A Strasbourg, Robespierre envoie son ami Saint-Just qui, d'après le fougueux patriote Gatteau, « porte de vigoureux coups de hache au fanatisme des Alsaciens, à leur indolence, à leur stupidité allemande... Quel maître b... que ce garçon-là! » A Cambrai, à Arras, il dépêche Joseph Lebon, Darthé et Daillet, qui lui demandent ainsi de leur maintenir le droit d'installer un tribunal révolutionnaire spécial : « Tu connais notre énergie. Nous ne faisons grâce à per sonne. Nous frappons à coup sûr. » Robespierre fait rendre un arrêté qui maintient le tribunal révolutionnaire à Arras, et bientôt, suivant l'expression même de Derthé, les ducs, les marquis, les comtes, les barons et autres suspects tombent comme la grêle. Tels étaient les présents que le dictateur faisait généreusement à sa ville natale. Bordeaux est à son tour frappé, comme « foyer de négociantisme », puis Marseille, puis Avignon, puis Toulouse, puis... mais cette histoire lamentable est présente à toutes les mémoires.

Telles étaient les brutes auxquelles Robespierre avait confié la direction des départements. On peut s'en étonner, si l'on pense qu'il tendait à se montrer homme de gouvernement. Mais la tactique se comprend : il espérait qu'à force d'excès Paris et la province se tourneraient vers lui, le supplieraient de mettre fin à toutes ces atrocités, et l'acclameraient comme le sauveur, comme l'homme nécessaire[1].

Quelles mesures propose-t-il encore pour prouver sa capacité à conduire les affaires de la France! « Taxer les gros marchands, écrit-il, et opérer le recensement général des grains », questions des plus considérables à ses yeux. On avait, en effet, surexcité le peuple à un tel point au sujet des subsistances, on avait laissé pendre, décapiter ou massacrer tant de personnes soupçonnées d'avoir voulu affamer le pays, que ces questions avaient pris le premier rang dans la politique révolutionnaire.

Le service des postes attire aussi l'attention de Robespierre. « Organisation nécessaire des courriers, lit-on dans ses notes. Désorganisation effrayante des postes. Demander à Jarry son projet d'organisation des courriers et les noms des courriers sûrs, soit à la guerre, soit au Comité de salut public. » Les membres de l'administration des postes avaient cependant été arrêtés le 31 mai 1793 et remplacés par les citoyens Caboche, Fortin, Bertaut, Rouvières et Boudin, tous patriotes éprouvés. Mais leur talent d'administrateurs laissait peut-être à désirer, car voici le fait qui a provoqué les réflexions suivantes de Robespierre : « Deux courriers venant de Strasbourg ont été rencontrés voyageant tranquillement en cabriolet. Point de courriers en avant. » Aussi écrit-il : « Nommer des inspecteurs patriotes pour les courriers. Tout courrier apportera au comité un reçu de ses dépêches. Il sera tenu de se présenter au comité au moment de son arrivée, etc. » On se demande avec effroi ce que cet homme expéditif eût fait à l'aide de nos découvertes

[1] C'est Robespierre qui jette ces assassins sur la province et c'est le même homme qui écrit « de longues lettres à son frère, blâmant les horreurs des commissaires conventionnels, qui perdaient la révolution par leur tyrannie et leurs atrocités. » (*Mémorial.*)

modernes : chemins de fer, télégraphe, téléphones, etc. Le peu de France qui a été épargné eût vécu.

Cette question des courriers nous fournit l'occasion de citer une lettre, que nous croyons inédite, du Comité de salut public à Saint-Just, alors en mission en Alsace. Elle est ainsi présentée dans les notes de Robespierre : « Envoyer au Rhin un nouveau courrier porteur des dépêches à Saint-Just, avec une lettre à celui-ci :

« Comme nous avons quelque inquiétude sur le courrier bavard « que vous nous avez envoyé et qui est reparti avec nos dépêches, « nous vous envoyons la lettre ci-jointe par un second courrier, afin « qu'elle vous parvienne plus sûrement. Gardez-vous de l'impa- « tience. Nous sommes pleins de l'énergie et de la sollicitude qui vous « anime et nous vous secondons de toutes nos facultés. » C'est une réponse à la lettre de Gatteau, disant que Saint-Just avait vivifié, ranimé, régénéré l'Alsace, à l'aide d'une colonne d'apôtres révolutionnaires et de solides sans-culottes. Pauvre Alsace!... Nous écrirons quelque jour l'histoire des tortures auxquelles notre chère patrie fut soumise sous Schneider et Saint-Just. Dieu, répondant à notre patriotique espoir, lui tiendra peut-être compte dans un avenir prochain des douleurs d'hier et de celles d'aujourd'hui!

L'armée révolutionnaire préoccupait aussi Robespierre, si l'on en juge par cette phrase : « Compléter l'armée révolutionnaire et la purger. » L'épuration de cette armée, — opération sérieuse s'il en fut ! — commença aux Jacobins le 27 septembre 1793, et aboutit à la nomination du général Ronsin. Ce Ronsin était l'auteur de *Louis XII, père du peuple*, tragédie dédiée, en 1790, à la garde nationale; de la *Ligue des fanatiques et des tyrans*, tragédie représentée au théâtre Molière en 1791, et de l'*Arétaphile ou le tyran de Cyrène*, tragédie représentée au Théâtre-Français en 1793. Ronsin avait eu soin autrefois d'instruire Robespierre de ses mérites par cette curieuse lettre :

« Vous n'ignorez pas, sans doute, le désir que de bons patriotes, et particulièrement M. Danton, ont témoigné de me voir nommer député à la Convention nationale, et c'est moins en homme de lettres qu'en poète révolutionnaire que je réclame votre suffrage. J'ai commandé dans les troubles de 89, j'ai fait la *Ligue des tyrans* en 90, *Arétaphile* en 92, et ce qui vaut mieux que tout cela, j'ai été un des braves sans-culottes de la journée du 10[1]. » Le général de l'armée révolutionnaire fut envoyé en Vendée, mais il y commit tant d'horreurs, que la Convention le décréta d'arrestation. Robespierre, ne lui pardonnant pas d'avoir dénoncé les Jacobins au club

[1] *Papiers inédits de Robespierre.*

des Cordeliers, l'envoya à l'échafaud le 24 mai 1794. Il le remplaça par Dufourny, dont il devait se défier aussi, comme le prouve cette autre note : « Dufourny et son armée révolutionnaire sont inquiétants. » D'où venait la cause de cette inquiétude? De ce que Dufourny avait osé inviter, le 20 frimaire an II, la Convention nationale à assister à la fête de la Raison. Un détachement de l'armée révolutionnaire était venu le même jour à la séance, portant, avec toutes sortes de grimaces et de contorsions, des vêtements sacerdotaux, des châsses et des chasubles. Cette saturnale inspira à Robespierre une observation des plus importantes : « Il faut se défier de la contre-révolution religieuse dans ce pays [1]. »

Oui, Robespierre, préoccupé de sa fête à l'Être suprême, n'entendait alors raillerie contre aucun culte. On en jugera par deux notes significatives que nous trouvons encore dans son livret. Voici la première : « Casser l'arrêt de la municipalité (de Paris) qui interdit la messe et les vêpres. » L'historien le plus favorable à Robespierre, M. E. Hamel, applaudit ainsi aux nouvelles idées de tolérance religieuse que professe son héros : « Rome avait respecté jadis la religion et les mœurs des peuples vaincus par elle, mais les vandales de la révolution se ruèrent sur les consciences, comme si le salut de la république était intéressé à ce qu'on n'allât plus à la messe... » Robespierre trouva cette intolérance fâcheuse au point de vue moral et imprudente au point de vue politique. Aussi fit-il voter, le 18 frimaire, à la Convention, un décret, dont l'article premier défendait toutes violences et mesures contraires à la liberté des cultes. De plus, une circulaire du Comité de salut public inspirée par lui, en date du 28 nivôse, prescrivit les mesures suivantes aux autorités constituées : « La liberté des cultes doit être l'objet de votre sollicitude; le fonctionnaire public n'appartient à aucune secte, mais il sait qu'on ne commande point aux consciences; il sait que l'intolérance et l'oppression font des martyrs, que la voie seule de la raison fait des prosélytes. La politique ne marche pas sans la tolérance, la philosophie le conseille, la philanthropie le commande. » Enfin, une seconde note intime, une des dernières du livret, révèle les dispositions précises de Robespierre sur ce sujet si grave : « Troubles religieux à apaiser dans la Somme. Y envoyer un représentant sage et patriote. » Un mot suffira pour expliquer cette note. Le conventionnel André Dumont, qui avait été expédié dans le dépar-

[1] « Quinze jours après la fête de la Raison, Robespierre met le holà à toute cette démence et, tournant à son gré l'Assemblée et le peuple, proclame l'Être suprême et en célèbre la fête. » (Jules Simon — *Dieu, Patrie, Liberté.*)

tement de la Somme, informait ses collègues, le 1er octobre 1793, qu'il était arrivé à Abbeville. Là, montant dans la chaire de la principale église, il avait fait sentir au peuple combien il était dupe de ses prêtres; il les avait traités d'arlequins, de pierrots, de montreurs de marionnettes, de faiseurs de singeries et de voleurs; il avait prédit que les confessionnaux serviraient bientôt, comme les titres de noblesse, à faire des autodafés, etc. Le 29 du même mois, il se vantait d'être venu déclarer la guerre aux prêtres, assommer le fanatisme et le faire disparaître de ce pays. Le 11 frimaire, il mandait à la Convention : « Partout on ferme les églises, on brûle les confessionnaux et les saints, on fait des gargousses avec les livres des lutrins. » Il revenait de Péronne, où la fête de la Raison avait été célébrée, paraît-il, avec toute la simplicité de la Nature. Le 4 pluviôse, il annonçait fièrement de nouvelles victoires : les prêtres rebelles avaient été réduits, les confessionnaux changés en guérites, les chaires en tribunes et les églises en halles. Toutes ces mesures violentes eurent pour résultat d'agiter extraordinairement le département de la Somme et d'y provoquer la contre-révolution religieuse que redoutait Robespierre. Aussi voulait-il remplacer Dumont par « un représentant sage et patriote ». En attendant, lorsque, le 8 nivôse, la Société populaire d'Amiens vint demander l'autorisation de fermer les églises, la Convention nationale, inspirée par son maître, passa à l'ordre du jour.

Pourquoi Robespierre semblait-il montrer à l'égard des cultes une tolérance si étonnante?... Parce qu'il savait bien qu'en chassant la religion de la société, il fournissait aux ennemis des institutions républicaines l'occasion de s'emparer d'un sentiment indéracinable dans l'âme humaine pour le tourner contre elles. Les invocations de Robespierre à une puissance surnaturelle ne surprenaient qu'André Chénier. « Un parleur connu par sa féroce démence, écrivait le poète, a fait depuis quelque temps de beaux sermons sur la Providence et assure qu'il compte beaucoup sur son secours. Il faut qu'il la prie de nous conduire de manière qu'on ne puisse nous appliquer ce passage de Montesquieu : Des deux factions qui régnaient à Carthage, l'une voulait toujours la paix et l'autre toujours la guerre, de façon qu'il était impossible d'y jouir de l'une et de bien faire l'autre. » Cette observation satirique était permise à qui ne pouvait comprendre dans la droiture de son âme l'inconséquence naturelle des Jacobins. Charles Nodier est moins sévère. Il n'hésite pas à affirmer et à répéter qu'il faut chercher peut-être dans les discours de Robespierre presque tout ce qu'il y avait de spiritualisme et de sentiments humains dans l'éloquence conventionnelle. A son avis, Robespierre n'était nullement organisé en homme religieux, mais les circonstances le forcèrent à pénétrer dans les mystères de l'organisation des peuples. « C'est alors, dit-il, qu'il rêva aux éléments essentiels des institutions politiques et qu'en suivant les conséquences d'une ambition qu'il pouvait croire salutaire avec quelque motif, il arriva jusqu'à un Dieu. Robespierre rendit la France à un Dieu pour la prendre, et ce charlatanisme solennel n'eut pas moins de succès chez le peuple le plus perfectionné des temps modernes qu'il n'en avait eu chez les barbares des temps anciens. » Cette pensée, Robespierre l'avait indiquée dans ses notes et manifestée hautement dans un discours qu'il devait lire à la tribune contre la faction Fabre d'Églantine. Il s'y plaignait de voir une philosophie vénale oublier les trônes pour renverser les autels, opposer la religion au patriotisme, mettre la morale en contradiction avec elle-même, confondre la cause du culte avec celle du despotisme, les catholiques avec les conspirateurs, et forcer le peuple à ne trouver dans la révolution que le triomphe de l'athéisme et la destruction de toutes ses idées morales et religieuses. Il allait jusqu'à traiter de fous les hommes qui croyaient s'attacher leurs concitoyens en attaquant les objets de leur vénération et de leurs habitudes, et qui trouvaient que le crime de conspirer contre l'État se réduisait à aller à la messe. N'était-ce pas vouloir, disait-il, le déchirement de la république et la ruine de la liberté?... C'est ce que constate bien Mme de Staël : « L'irréligion la plus indécente, écrit-elle, servit alors de levier au bouleversement de l'ordre social. Il y avait une sorte de conséquence à fonder le crime sur l'impiété : c'est un hommage rendu à l'union intime des opinions religieuses avec la morale [1]. » C'est ce que remarque aussi A. de Tocqueville, dans son admirable ouvrage sur l'*Ancien régime et la révolution :* « Les lois religieuses ayant été abolies en même temps que les lois civiles étaient renversées, l'esprit humain perdit entièrement son assiette; il ne sut plus à quoi se retenir ni où s'arrêter, et l'on vit apparaître des révolutionnaires d'une espèce inconnue qui portèrent l'audace jusqu'à la folie, qu'aucune nouveauté ne parut surprendre, aucun scrupule ralentir, et qui n'hésitèrent jamais devant l'exécution d'aucun dessein. »

Mais Robespierre, qui, en fidèle élève de Jean-Jacques Rousseau, avait fait mettre la Vertu à l'ordre du jour, proposa contre ces sectaires la célébration d'une fête solennelle à l'Être suprême, espérant appuyer ses rêves de dictature sur une religion arrangée à sa manière. Nous croyons — et c'est pour nous une conviction absolue — que le respect bruyant de cet homme pour la tolérance reli-

[1] *Considérations sur la révolution française.*

gieuse n'eut pas d'autre objet : celui d'affermir son pouvoir par l'obéissance publique et forcée à un culte dont il eût été le grand prêtre [1]. Tel est le commentaire de cette note : « Il faut se défier de la contre-révolution religieuse dans ce pays. »

Mais voici où les prévisions de Robespierre, que nous a révélées son livret, furent déçues. Ses collègues eurent peur qu'il ne réveillât d'antiques préjugés dans le dessein d'asservir le peuple, et ils se préparèrent à renverser le despote. D'autre part, ce Dieu, qu'il croyait honorer d'un encens païen, regarda son adorateur et, reconnaissant en lui l'homme de sang, lui refusa dédaigneusement son appui et fit écrouler d'un seul coup sa toute-puissance. Un geste suffit. « A la procession de cette fête impie, continue Mme de Staël, Robespierre s'avisa de passer le premier pour s'arroger la prééminence sur ses collègues, et dès lors il fut perdu. »

Oui, dès ce moment, les rêves de domination s'évanouissent, le plan d'asservissement si bien préparé s'effondre, la dictature disparaît. Elle disparaît dans la réprobation et le dégoût, malgré les grandes phrases de Lamartine, qui trouve « un dessein dans la vie de cet homme : le règne de la raison par la démocratie; un mobile divin : la soif de la vérité et de la justice dans les lois; une action méritoire : le combat à mort contre le vice, le mensonge et le despotisme !... »

Le combat contre le despotisme, quoi qu'en dise le poète-historien, c'est le combat que la Convention va soutenir contre Robespierre, c'est-à-dire contre le tyran qu'on s'est efforcé de travestir en apôtre humanitaire. Oui, c'est en vain que le 8 thermidor, traqué tout à coup comme une bête fauve, Robespierre s'efforce de faire tête à la bande de ses ennemis, c'est en vain qu'il déploie tous ses talents oratoires... Il veut, dit-il, étouffer les flambeaux de la discorde par la seule force de la vérité; il prétend dévoiler les abus qui tendent à la ruine de la patrie; il défend l'autorité de la Convention, il parle de ses persécutions et fait entendre les cris de l'innocence outragée; il raconte encore une fois les conjurations dressées contre la république; il essaye, la voix rauque et l'écume aux lèvres, de repousser l'accusation de despotisme et de protester de son respect pour la représentation nationale; il se déclare un esclave de la liberté, un martyr vivant de la république, une victime du crime; il va, vient, se démène,

[1] Remarquez d'ailleurs en quels termes vagues il propose ce culte : « Le peuple français, dit-il, n'est attaché ni aux prêtres, ni à la superstition, ni aux cérémonies religieuses ; il ne l'est qu'au culte de lui-même, c'est-à-dire à l'idée d'une puissance incompréhensible, effroi du crime, soutien de la vertu. »

crie, épanche son cœur, menace, implore... tout cela est inutile; le temps des phrases est passé, le prestige et la crainte du dictateur ne sont plus.

Le livret, qui a servi de base à cette étude, reste muet sur les combats des derniers jours, mais on connait les détails qui formèrent le dénouement de la sanglante tragédie : le soulèvement d'horreur de la Convention, l'armée révolutionnaire en fuite, les conjurés dispersés, la mise hors la loi; Dumas, président du tribunal révolutionnaire saisi sous une table; le général Hanriot découvert dans un égout, Robespierre blessé, apporté sur une planche dans la salle d'audience du Comité qu'il dirigeait en maître, puis exposé pendant de longues heures aux insultes des lâches qui, quelques instants auparavant, tremblaient encore devant lui; puis les huées de la foule imbécile qui lui criait : « Appelle donc ton Être suprême! », enfin le dernier rugissement du monstre sous la main du bourreau...

Voilà comment tombait Robespierre sous les coups inattendus des Vadier, des Billaud-Varennes, des Panis, des Amar et des Tallien, qui ne valaient pas mieux que lui. Mais avec cet homme la dictature de la Terreur disparaissait aux applaudissements de la France entière. Seul, au milieu de cette joie délirante, l'agent municipal de la section Lepelletier, qui dressa l'acte mortuaire, témoigna une réelle douleur et s'empoisonna quelques mois après le 10 thermidor. C'était un ami de Robespierre, Antoine Trial, qui excellait à jouer au Théâtre Italien les rôles de paysans naïfs ou de valets poltrons.

PARIS. — E. DE SOYE ET FILS, IMPRIMEURS, 18, RUE DES FOSSÉS-SAINT-JACQUES.

www.ingramcontent.com/pod-product-compliance
Ingram Content Group UK Ltd.
Pitfield, Milton Keynes, MK11 3LW, UK
UKHW012304240726
13966UKWH00004B/1624

9 782011 942944